AUCASSIN ET NICOLETE

AUCASSIN ET NICOLETE

Edited by

ROBERT WHITE LINKER

CHAPEL HILL
THE UNIVERSITY OF NORTH CAROLINA PRESS

PRINTED IN THE UNITED STATES OF AMERICA

COLONIAL PRESS, INC.
CHAPEL HILL, NORTH CAROLINA

Introduction

Manuscript

Aucassin et Nicolete survives in a single quarto manuscript of the late thirteenth century, Bibliotheque Nationale fonds français 2168. Its 242 folios constitute a miscellany in which *Aucassin et Nicolete* is found on folios 70b-80d between *L'aventure de Graalent* and *Li favliaus d'Infer.*

The scribe seems to have written hastily, so that some of his letters are indistinct, and made some 140 errors, of which he corrects over a third. Except for a possible lacuna in XXVIII and a small tear at the bottom of f. 77b-c, which has removed three lines of XXIV and of XXV, there are no major textual problems.[1] There are a number of minor problems, however, which have called for many different conjectural emendations on the part of editors.[2]

The intent of this edition has been to hold changes to a minimum. All important editions have been consulted, and readings borrowed freely, but no attempt has been made to polish the work.[3] The use of the *tréma* has been intentionally restricted, especially in the verse, which, having seven syllables, can easily be read without it.

Interpretation

Aucassin et Nicolete is called by the author a *cantefable.* As it is the only work of its kind in Old French, numerous attempts have been made to classify it under some other designation, either as *roman, conte, nouvelle, fabliau,* or *mime.* Whether it be one or the other of these, or whether it be the sole survivor of a type that flourished in the Middle Ages, is a matter of slight importance in comparison with its unique charm.

---

1. For further study of the MS, see Bourdillon's reproduction; W. Foerster in *ZFRP* XXVIII (1904), 492-512; H. Suchier, *ZFRP* XXX (1906), 516-18.

2. See R. Dockhorn, *Zur Textkritik von Aucassin und Nicollette* (Inaug. Diss.), Halle, 1913.

3. E.g., XII, *Li tors estoit faele,* where the preceding *le tor* seems to have confused the scribe as to the gender; XXIV, *le jeterent en une nef et Aucassin en une autre,* which can be read without change, since *le* is normal Picard for *la.*

The unknown author has succeeded in combining a highly artistic and tender love story with a satiric presentation of some of the stock motifs of the Middle Ages.

Among the elements on the serious side are the fidelity of the lovers, the clearcut description of characters, the beauty of the heroine, especially in the scene of her escape, the kindness of the watchman, and the feeling for nature, particularly in the romantic association of nature and memory in XXXIX.

Contrasting with these are the innumerable comic elements, which show the highly individual viewpoint of the author as well as his wide acquaintance with mediaeval literary themes. The love madness of Aucassin, reminiscent of Chrestien's Lancelot; the giant herdsman, who has the major features of the one in *Yvain,* but with a critical view of the abuses of mediaeval society; the Byzantine romance theme of separation and reunion; and the miraculous cure—all tend toward the hilarious. Even more whimsical is the Kingdom of Torelore, with its Amazonic queen, reminiscent of Hippolita, and perhaps of the military prowess of the women of Tortosa; its king who indulges in childbed customs prevalent in primitive society, which were first noted by Strabo; and the Celtic type of fighting at the ford.

Many critics have emphasized the love story to the exclusion of the other elements. It was the primary purpose of the author to be amusing, as he states in the opening lines, and high contrast, such as he presents, is an essential quality of mediaeval humor. This humor is in no way lessened by the skilful interweaving of the non-comic elements.

Sources

Attempts have been made to seek the bases of the story in Byzantine adventure romances, because of resemblances with *Floire et Blancheflor;* in Arabic literature because of names such as Aucassin,[4] Valence, Cartage. Similarly, Biaucaire and Valence have been cited as evidence of origin among the trou-

4. Perhaps from Al-Kasim; Valence could be Valence on the Rhone or Valencia in Spain; Cartage is Cartagena, province of Murcia.

badours. Much has also been made of the alternation of verse and prose, which occurs in Boethius, *De Consolatione Philosophiae,* in Arabic literature,[5] and, as a regular feature, in early Irish literature. None of these has been proven, since the motifs seem to be widespread mediaeval commonplaces, and the three verse-prose mixtures, Latin, Arabic, and Irish differ radically from our *cantefable* both in purpose and technique.

As our present knowledge of sources now stands, we have to pay tribute to our author's extensive knowledge of themes current in Picardy in his own day, and perhaps of oral traditions similarly available to him, while we await further evidence of closer literary parallels than have so far been brought forward.

Language

Aucassin et Nicolete is written in the Picard dialect. More detailed localization has resulted in disagreement among scholars. G. Paris, after suggesting Champagne, attached it to the literary activity of Arras; Suchier placed it in Hainaut; W. Foerster in Wavre, Belgium. Mario Roques disputes these conclusions and places "la patrie de l'auteur bien plus à l'est, dans la direction de Reims ou de Rethel; nous ne saurions préciser davantage."

A few of the dialectal variations will be cited:

a for **ai**	**fare**
c for **ch**	**cevalers**
é for **eu**	**honers**
-ie for **-iee**	**bautisie**
u for **o**	**furnir**
en for **an**	**center**
e for **ie**	**cevalers**
a for **au**	**hiame**
iu for **ieu**	**Diu**
au for **iau**	**oisax**
au for **ou**	**faus**
e for **a**	in monosyllables

Loss of final consonants **l, r, s, t** is frequent.

Many others occur, as will be seen from the vocabulary.

---

5. A. R. Nykl, in *Historia de los Amores de Bayad y Ryad* (New York, Hispanic Society, 1941), points out unconvincing parallels.

Music

The music of *Aucassin et Nicolete* consists of three parts, noted throughout in black on from four to five red lines. The first two parts were, with some possible variations, intended to alternate for the seven-syllable verses, as is indicated in the manuscript in XLI (f. 80c); the third part accompanied the final short line.

A new transcription by Willi Apel is presented on page 2.

Bibliography

The principal editions are:

F. W. Bourdillon, *Aucassin et Nicolete.* London, Manchester University Press, 1919.

Hermann Suchier, *Aucassin und Nicolette,* 9th ed., Paderborn, Schoeningh, 1921.

Mario Roques, *Aucassin et Nicolette.* Paris, Champion (CFMA), 1925.

All three of these contain extensive introductions and bibliography, to which the reader is referred. Further bibliography may be found in *A Critical Bibliography of French Literature,* Vol. I: *The Mediaeval Period* (Syracuse University Press, 1947), Nos. 2127-35.

The manuscript has been reproduced in facsimile and type-transliteration by F. W. Bourdillon, CEST DAUCASI 7 DE NICOLETE, Oxford, Clarendon Press, 1896.

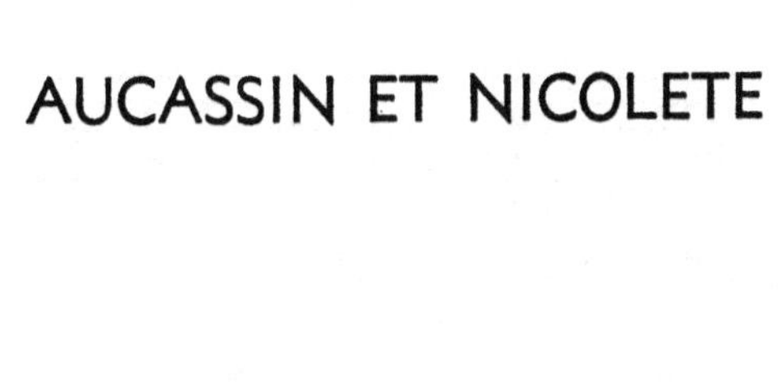

AUCASSIN ET NICOLETE

Qui vau - roit bons vers o - ir

Del de - port du viel an - tif

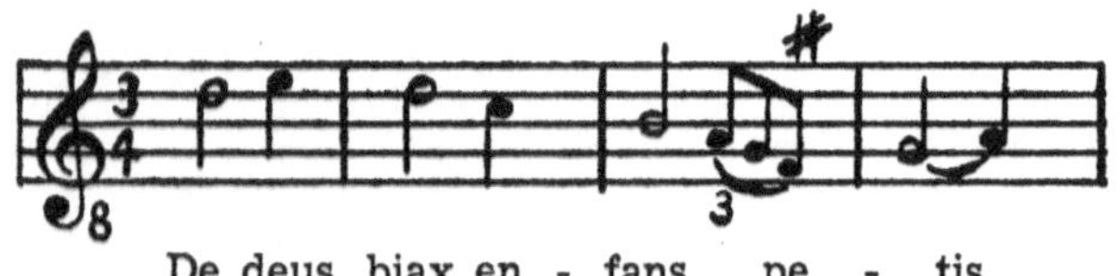

De deus biax en - fans pe - tis

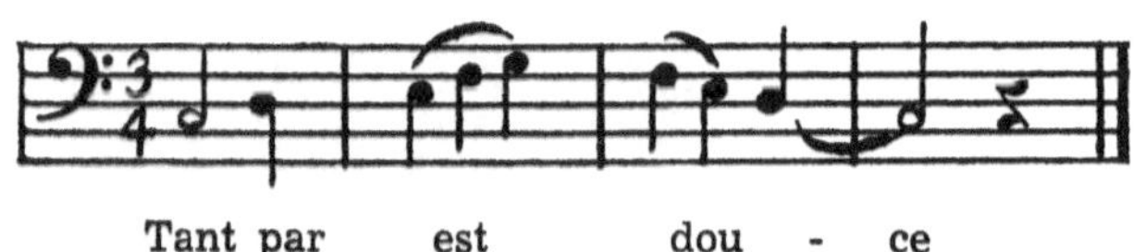

Tant par est dou - ce

C'est d'Aucasin et de Nicolete

I

Qui vauroit bons vers oïr
del deport du viel antif
de deus biax enfans petis,
Nicholete et Aucassins,
des grans paines qu'il soufri
et des proueces qu'il fist
por s'amie o le cler vis?
Dox est li cans, biax li dis
et cortois et bien asis.
Nus hom n'est si esbahis,
tant dolans ni entrepris,
de grant mal amaladis,
se il l'oit, ne soit garis
et de joie resbaudis,
tant par est douce.

II

Or dient et content et fablent

que li quens Bougars de Valence faisoit guere au conte Garin de Biaucaire si grande et si mervelleuse et si mortel qu'il ne fust uns seux jors ajornés qu'il ne fust as portes et as murs et as bares de le vile a cent cevaliers et a dis mile sergens a pié et a ceval, si li argoit sa terre et gastoit son païs et ocioit ses homes.

Li quens Garins de Biaucaire estoit vix et frales, si avoit son tans trespassé. Il n'avoit nul oir, ne fil ne fille, fors un seul vallet; cil estoit tex con je vos dirai:

Aucasins avoit a non li damoisiax. Biax estoit et gens et grans et bien tailliés de ganbes et de piés et de cors et de bras; il avoit les caviax blons et menus recercelés et les ex vairs et rians et le face clere et traitice et le nés haut et bien assis. Et si estoit enteciés de bones teces qu'en lui n'en avoit nule mauvaise se bone non; mais si estoit soupris d'Amor, qui tout vaint, qu'il ne voloit estre cevalers, ne les armes prendre, n'aler au tornoi, ne fare point de quanque il deust.

Ses pere et se mere li disoient:

"Fix, car pren tes armes, si monte el ceval, si deffent te terre et aïe tes homes: s'il te voient entr'ex, si defenderont il mix lor cors et lor avoirs et te terre et le miue."

"Pere," fait Aucassins, "qu'en parlés vos ore? Ja Dix ne me doinst riens que je li demant, quant ere cevaliers, ne monte a ceval, ne que voise a estor ne a bataille, la u je fiere cevalier ni autres mi se vos ne me donés Nicholete me douce amie que je tant aim."

"Fix," fait li peres, "ce ne poroit estre. Nicolete laise ester, que ce est une caitive qui fu amenee d'estrange terre, si l'acata li visquens de ceste vile as Sarasins, si l'amena en ceste vile, si l'a levee et bautisie et faite sa fillole, si li donra un de ces jors un baceler qui du pain li gaaignera par honor: de ce n'as tu que faire. Et se tu fenme vix avoir, je te donrai le file a un roi u a un conte: il n'a si rice home en France, se tu vix sa fille avoir, que tu ne l'aies."

"Avoi! peres," fait Aucassins, "ou est ore si haute honers en terre, se Nicolete ma tresdouce amie l'avoit, qu'ele ne fust bien enploiie en li? S'ele estoit enpereris de Colstentinoble u d'Alemaigne, u roïne de France u d'Engletere, si aroit il assés peu en li, tant est france et cortoise et de bon aire et entecie de toutes bones teces."

III *Or se cante.*

Aucassins fu de Biaucaire,
d'un castel de bel repaire.
De Nicole le bien faite
nuis hom ne l'en puet retraire,
que ses peres ne l'i laisse
et sa mere le manace:
"Di va! faus, que vex tu faire?
Nicolete est cointe et gaie;
jetee fu de Cartage,
acatee fu d'un Saisne;
puis qu'a mouillé te vix traire,
pren femme de haut parage."
"Mere, je n'en puis el faire:
Nicolete est de boin aire;
ses gens cors et son viaire,

sa biautés le cuer m'esclaire;
bien est drois que s'amor aie,
que trop est douce."

IV *Or dient et content et flablent.*

Quant li quens Garins de Biaucare vit qu'il ne poroit Aucassin son fil retraire des amors Nicolete, il traist au visconte de le vile qui ses hon estoit, si l'apela:

"Sire quens, car ostés Nicolete vostre filole! Que la tere soit maleoite dont ele fu amenee en cest païs! C'or par li pert jou Aucassin, qu'il ne veut estre cevaliers, ne faire point de quanque faire doie; et saciés bien que, se je le puis avoir, que je l'arderai en un fu, et vous meismes porés avoir de vos tote peor."

"Sire," fait li visquens, "ce poise moi qu'il i va ne qu'il i vient ne qu'il i parole. Je l'avoie acatee de mes deniers, si l'avoie levee et bautisie et faite ma filole, si li donasse un baceler qui du pain li gaegnast par honor: de ce n'eust Aucassins vos fix que faire. Mais puis que vostre volentés est et vos bons, je l'envoierai en tel tere et en tel païs que ja mais ne le verra de ses ex."

"Ce gardés vous!" fait li quens Garins; "grans maus vos en porroit venir."

Il se departent.

Et li visquens estoit molt rices hom, si avoit un rice palais par devers un gardin. En une canbre la fist metre Nicolete en un haut estage et une vielle aveuc li por conpagnie et por soisté tenir, et s'i fist metre pain et car et vin et quanque mestiers lor fu; puis si fist l'uis seeler c'on n'i peust de nule part entrer ne iscir, fors tant qu'il i avoit une fenestre par devers le gardin assés petite dont il lor venoit un peu d'essor.

V *Or se cante.*

Nicole est en prison mise
en une canbre vautie
ki faite est par grant devisse,
panturee a miramie.
A la fenestre marbrine

la s'apoia la mescine:
ele avoit blonde la crigne
et bien faite la sorcille,
la face clere et traitice;
ainc plus bele ne veïstes.
Esgarda par le gaudine
et vit la rose espanie
et les oisax qui se crient,
dont se clama orphenine:
"Ai mi! lasse moi, caitive!
por coi sui en prison misse?
Aucassins, damoisiaux sire,
ja sui jou li vostre amie
et vos ne me haés mie;
por vos sui en prison misse
en ceste canbre vautie
u je trai molt male vie;
mais, par Diu le fil Marie,
longement n'i serai mie,
se jel puis fare."

VI *Or dient*
et content
et fablent.

Nicolete fu en prison, si que vous avés oï et entendu, en le canbre. Li cris et le noise ala par tote le terre et par tot le païs que Nicolete estoit perdue; li auquant dient qu'ele est fuie fors de la terre, et li auquant dient que li quens Garins de Biaucaire l'a faite mordrir. Qui qu'en eust joie, Aucassins n'en fu mie liés, ains traist au visconte de la vile, si l'apela:

"Sire visquens, c'avés vos fait de Nicolete ma tresdouce amie, le riens en tot le mont que je plus amoie? Avés le me vos tolue ne enblee? Saciés bien que, se je en muir, faide vous en sera demandee; et ce sera bien drois, que vos m'arés ocis a vos deus mains, car vos m'avés tolu la riens en cest mont que je plus amoie."

"Biax sire," fait il quens, "car laisciés ester. Nicolete est une caitive que j'amenai d'estrange tere, si l'acatai de mon avoir a Sarasins, si l'ai levee et bautisie et faite ma fillole, si l'ai nourie, si li donasce un de ces jors un baceler qui del pain li gaegnast par honor: de ce n'avés vos que faire. Mais prendés le fille a un roi u a un conte. Enseurquetot, que cuideriés vous avoir gaegnié, se vous l'aviés asognentee ne mise a vo lit? Mout i ariés peu conquis, car tos les jors du siecle en seroit vo arme en infer, qu'en paradis n'enterriés vos ja."

"En paradis qu'ai je a faire? Je n'i quier entrer, mais que j'aie Nicolete ma tresdouce amie que j'aim tant; c'en paradis ne vont fors tex gens con je vous dirai. Il i vont ci viel prestre et cil viel clop et cil manke qui tote jor et tote nuit cropent devant ces autex et en ces viés creutes, et cil a ces viés capes ereses et a ces viés tatereles vestues, qui sont nu et decauç et estrumelé, qui moeurent de faim et de soi et de froit et de mesaises; icil vont en paradis: aveuc ciax n'ai jou que faire. Mais en infer voil jou aler, car en infer vont li bel clerc, et li bel cevalier qui sont mort as tornois et as rices gueres, et li buen sergant et li franc home: aveuc ciax voil jou aler; et s'i vont les beles dames cortoises que eles ont deus amis ou trois avoc leur barons, et s'i va li ors et li argens et li vairs et li gris, et si i vont herpeor et jogleor et li roi del siecle: avoc ciax voil jou aler, mais que j'aie Nicolete ma tresdouce amie aveuc mi."

"Certes," fait li visquens, "por nient en parlerés, que ja mais ne le verrés; et se vos i parlés et vos peres le savoit, il arderoit et mi et li en un fu, et vos meismes porriés avoir toute paor."

"Ce poise moi," fait Aucassins; se se depart del visconte dolans.

VII *Or se cante.*

Aucasins s'en est tornés
molt dolans et abosmés;
de s'amie o le vis cler
nus ne le puet conforter
ne nul bon consel doner.
Vers le palais est alés;
il en monta les degrés,
en une canbre est entrés,
si comença a plorer
et grant dol a demener
et s'amie a regreter:

"Nicolete, biax esters,
biax venir et biax alers,
biax deduis et dous parlers,
biax borders et biax jouers,
biax baisiers, biax acolers,
por vos sui si adolés
et si malement menés
que je n'en cuit vis aler,
suer douce amie."

VIII

Or dient et content et fablent.

Entreusque Aucassins estoit en le canbre et il regretoit Nicolete s'amie, li quens Bougars de Valence, qui sa guerre avoit a furnir, ne s'oublia mie, ains ot mandé ses homes a pié et a ceval, si traist au castel por asalir. Et li cris lieve et la noise, et li cevalier et li serjant s'arment et qeurent as portes et as murs por le castel desfendre, et li borgois montent as aleoirs des murs, si jetent quariax et peus aguisiés.

Entroeusque li asaus estoit grans et pleniers, et li quens Garins de Biacaire vint en la canbre u Aucassins faisoit deul et regretoit Nicolete sa tresdouce amie que tant amoit.

"Ha! fix," fait il, "con par es caitis et maleurox, que tu vois c'on asaut ton castel tot le mellor et le plus fort; et saces, se tu le pers, que tu es desiretés. Fix, car pren les armes et monte u ceval et defen te tere et aiues tes homes et va a l'estor: ja n'i fieres tu home ni autres ti, s'il te voient entr'ax, si desfenderont il mix lor avoir et lor cors et te tere et le miue; et tu ies si grans et si fors que bien le pues faire, et farre le dois."

"Pere," fait Aucassins, "qu'en parlés vous ore? Ja Dix ne me doinst riens que je li demant quant ere cevaliers, ne monte el ceval, ne voise en estor, la u je fiere cevalier ne autres mi, se vos ne me donés Nicolete me douce amie que je tant aim."

"Fix," dist li pere, "ce ne puet estre: ançois sosferoie jo que je feusse tous desiretés et que je perdisse quanques g'ai que tu ja l'euses a mollier ni a espouse."

Il s'en torne; et quant Aucassins l'en voit aler, il le rapela:

"Peres," fait Aucassins, "venés avant: je vous ferai bons couvens."

"Et quex, biax fix?"

"Je prendrai les armes, s'irai a l'estor, par tex covens que, se Dix me remaine sain et sauf, que vos me lairés Nicolete me douce amie tant veir que j'aie deus paroles u trois a li parlees et que je l'aie une seule fois baisie."

"Je l'otroi," fait li peres.

Il li creante et Aucassins fu lié.

IX *Or se cante.*

Aucassins ot du baisier
qu'il ara au repairier:
por cent mile mars d'or mier
ne le fesist on si lié.
Garnemens demanda ciers,
on li a aparelliés:
il vest un auberc dublier
et laça l'iaume en son cief,
çainst l'espee au poin d'or mier,
si monta sor son destrier
et prent l'escu et l'espiel;
regarda andex ses piés,
bien li sissent es estriers;
a mervelle se tint ciers.
De s'amie li sovient,
s'esperona le destrier;
il li cort molt volentiers,
tot droit a le porte en vient
a la bataille.

X *Or dient et content.*

Aucassins fu armés sor son ceval, si con vos avés oï et entendu. Dix! con li sist li escus au col et li hiaumes u cief et li renge de s'espee sor le senestre hance! Et li vallés fu grans et fors et biax et gens et bien fornis, et li cevaus sor quoi il sist rades et corans, et li vallés l'ot bien adrecié par mi la porte.

Or ne quidiés vous qu'il pensast n'a bués n'a vaces n'a civres prendre, ne qu'il ferist cevalier ne autres lui. Nenil nient! onques ne l'en sovint; ains pensa tant a Nicolete sa douce amie qu'il oublia ses resnes et quanques il dut faire; et li cevax qui ot senti les esperons l'en porta par mi le presse, se se lance tres entre mi ses anemis; et il getent les mains de toutes pars, si le prendent, si le dessaisisent de l'escu et de le lance, si l'en mannent tot estrousement pris, et aloient ja porparlant de quel mort il le feroient morir.

Et quant Aucassins l'entendi:

"Ha! Dix," fait il, "douce creature! sont çou mi anemi mortel qui ci me mainent et qui ja me cauperont le teste? Et puis que j'arai la teste caupee, ja mais ne parlerai a Nicolete me douce amie que je tant aim. Encor ai je ci une bone espee et sieç sor bon destrir sejorné: se or ne me deffent por li, onques Dix ne li aït se ja mais m'aime!"

Li vallés fu grans et fors, et li cevax so quoi il sist fu remuans; et il mist le main a l'espee, si comence a ferir a destre et a senestre et caupe hiaumes et naseus et puins et bras et fait un caple entor lui, autresi con li senglers quant li cien l'asalent en le forest, et qu'il lor abat dis cevaliers et navre set et qu'il se jete tot estroseement de le prese et qu'il s'en revient les galopiax ariere, s'espee en sa main.

Li quens Bougars de Valence oï dire c'on penderoit Aucassin son anemi, si venoit cele part; et Aucassins ne le mescoisi mie: il tint l'espee en la main, se le fiert par mi le hiaume si qu'i li enbare el cief. Il fu si estonés qu'il caï a terre; et Aucassins tent le main, si le prent et l'en mainne pris par le nasel del hiame et le rent a son pere.

"Pere," fait Aucassins, "ves ci vostre anemi qui tant vous a gerroié et mal fait: vint ans ja dure ceste guerre; onques ne pot iestre acievee par home."

"Biax fix," fait li pere, "tes enfances devés vos faire, nient baer a folie."

"Pere," fait Aucassins, "ne m'alés mie sermonant, mais tenés moi mes covens."

"Ba! quex covens, biax fix?"

"Avoi! pere, avés les vos obliees? Par mon cief! qui que les oblit, je nes voil mie oblier, ains me tient molt au cuer. Enne m'eustes vos en covent que, quant je pris les armes et j'alai a l'estor, que, se Dix me ramenoit sain et sauf, que vos me lairiés Nicolete ma douce amie tant veir que j'aroie parlé a li deus paroles ou trois? Et que je l'aroie une fois baisie m'eustes vos en covent! Et ce voil je que vos me tenés."

"Joe?" fait li peres; "ja Dix ne m'aït, quant ja covens vos en tenrai; et s'ele estoit ja ci, je l'arderoie en un fu, et vos meismes porriés avoir tote paor."

"Est ce tote la fins?" fait Aucassins.

"Si m'aït Dix," fait li peres, "oïl."

"Certes," fait Aucassins, "je sui molt dolans quant hom de vostre eage ment."

"Quens de Valence," fait Aucassins, "je vos ai pris."

"Sire, voire," fait li quens.

"Bailiés ça vostre main," fait Aucassins.

"Sire, volentiers." Il li met se main en la siue.

"Ce m'afiés vos," fait Aucassins, "que, a nul jor que vos aiés a vivre, ne porrés men pere faire honte ne destorbier de sen cors ne de sen avoir que vos ne li faciés."

"Sire, por Diu," fait il, "ne me gabés mie; mais metés moi a raençon: vos ne me sarés ja demander or ni argent, cevaus ne palefrois, ne vair ne gris, ciens ne oisiax, que je ne vos doinse."

"Coment?" fait Aucassins; "ene connissiés vos que je vos ai pris?"

"Sire, oie," fait li quens Borgars.

"Ja Dix ne m'aït," fait Aucassins, "se vos ne le m'afiés, se je ne vous faç ja cele teste voler."

"Enondu!" fait il, "je vous afie quanque il vous plaist."

Il li afie; et Aucassins le fait monter sor un ceval, et il monte sor un autre, si le conduist tant qu'il fu a sauveté.

XI *Or se cante.*

Quant or voit li quens Garins
de son enfant Aucassin
qu'il ne pora departir
de Nicolete au cler vis,
en une prison l'a mis
en un celier sosterin
qui fu fais de marbre bis.

Quant or i vint Aucassins,
dolans fu, ainc ne fu si;
a dementer si se prist
si con vos porrés oïr:
"Nicolete, flors de lis,
douce amie o le cler vis,
plus es douce que roisins
ne que soupe en maserin.
L'autr'ier vi un pelerin,
nés estoit de Limosin,
malades de l'esvertin,
si gisoit ens en un lit,
mout par estoit entrepris,
de grant mal amaladis;
tu passas devant son lit,
si soulevas ton traïn
et ton peliçon ermin,
la cemise de blanc lin,
tant que ta ganbete vit:
garis fu li pelerins
et tos sains, ainc ne fu si;
si se leva de son lit,
si rala en son païs
sains et saus et tos garis.
Doce amie, flors de lis,
biax alers et biax venirs,
biax jouers et biax bordirs,
biax parlers et biax delis,
dox baisiers et dox sentirs,
nus ne vous poroit haïr.
Por vos sui en prison mis
en ce celier sousterin
u je faç mout male fin;
or m'i convenra morir
por vos, amie."

XII

Or dient
et content
et fabloient.

Aucasins fu mis en prison, si com vos avés oï et entendu, et Nicolete fu d'autre part en le canbre. Ce fu el tans d'esté, el mois de mai, que li jor sont caut, lonc et cler, et les nuis coies et series.

Nicolete jut une nuit en son lit, si vit la lune luire cler par une fenestre et si oï le lorseilnol center en garding, se li sovint d'Aucassin sen ami qu'ele tant amoit. Ele se comença a porpenser del conte Garin de Biaucaire qui de mort le haoit; si se pensa qu'ele ne remanroit plus ilec, que, s'ele estoit acusee et li quens Garins le savoit, il le feroit de male mort morir. Ele senti que li vielle dormoit qui aveuc li estoit; ele se leva, si vesti un bliaut de drap de soie que ele avoit molt bon, si prist dras de lit et touailes, si noua l'un a l'autre, si fist une corde si longe comme ele pot, si le noua au piler de le fenestre; si s'avala contreval le gardin, et prist se vesture a l'une main devant et a l'autre deriere, si s'escorça por le rousee qu'ele vit grande sor l'erbe, si s'en ala aval le gardin.

Ele avoit les caviaus blons et menus recercelés, et les ex vairs et rians, et le face traitice, et le nés haut et bien assis, et lé levretes vremelletes plus que n'est cerisse ne rose el tans d'esté, et les dens blans et menus; et avoit les mameletes dures qui li souslevoient sa vesteure ausi con ce fuissent deus nois gauges; et estoit graille par mi les flans qu'en vos dex mains le peusciés enclorre; et les flors des margerites qu'ele ronpoit as ortex de ses piés, qui li gissoient sor le menuisse du pié par deseure, estoient droites noires avers ses piés et ses ganbes, tant par estoit blance la mescinete.

Ele vint au postic, si le deffrema, si s'en isci par mi les rues de Biaucaire par devers l'onbre, car le lune luisoit molt clere, et erra tant qu'ele vint a le tor u ses amis estoit. Li tors estoit faelé de lius en lius; et ele se quatist delés l'un des pilers, si s'estraint en son mantel, si mist sen cief par mi une creveure de la tor, qui vielle estoit et anciienne, si oï Aucassin qui la dedens plouroit et faisoit mot grant dol et regretoit se douce amie que tant amoit. Et quant el l'ot assés escouté, si comença a dire.

XIII *Or se cante.*

Nicolete o le vis cler
s'apoia a un piler,
s'oï Aucassin plourer
et s'amie regreter;
or parla, dist son penser:
"Aucassins, gentix et ber,
frans damoisiax honorés,
que vos vaut li dementer,
li plaindres ne li plurers,
quant ja de moi ne gorés?
car vostre peres me het
et trestos vos parentés.
Por vous passerai le mer,
s'irai en autre regné."
De ses caviax a caupés,
la dedens les a rués.
Aucassins les prist, li ber,
si les a molt honerés
et baisiés et acolés;
en sen sain les a boutés;
si recomence a plorer,
tout por s'amie.

XIV *Or dient et content et fabloient.*

Qant Aucassins oï dire Nicolete qu'ele s'en voloit aler en autre païs, en lui n'ot que courecier.

"Bele douce amie," fait il, "vos n'en irés mie, car dont m'ariés vos mort; et li premiers qui vos verroit ne qui vous porroit, il vos prenderoit lués et vos meteroit a son lit, si vos asoignenteroit. Et puis que vos ariiés jut en lit a home, s'el mien non, or ne quidiés mie que j'atendisse tant que je trovasse coutel dont je me peusce ferir el cuer et ocirre. Naie voir, tant n'atenderoie je mie; ains m'esquelderoie de si lonc que je verroie une maisiere u une bisse pierre, s'i hurteroie si durement me teste que j'en feroie les ex voler et que je m'escerveleroie tos: encor ameroie je mix a morir de si faite mort que je seusce que vos eusciés jut en lit a home, s'el mien non."

"A!" fait ele, "je ne quit mie que vous m'amés tant con vos dites; mais je vos aim plus que vos ne faciés mi."

"Avoi!" fait Aucassins, "bele douce amie, ce ne porroit estre que vos m'amissiés tant que je faç vos. Fenme ne puet tant amer l'oume con li hom fait le fenme; car li amors de le fenme est en son oeul et en son le cateron de sa mamele et en son l'orteil del pié, mais li amors de l'oume est ens el cué plantee, dont ele ne puet iscir."

La u Aucassins et Nicolete parloient ensanble, et les escargaites de le vile venoient tote une rue; s'avoient les espees traites desos les capes, car li quens Garins lor avoit conmandé que, se il le pooient prendre, qu'i l'ocesissent. Et li gaite qui estoit sor le tor les vit venir, et oï qu'il aloient de Nicolete parlant et qu'il le maneçoient a occirre.

"Dix!" fait il, "con grans damages de si bele mescinete, s'il l'ocient! Et molt seroit grans aumosne, se je li pooie dire, par quoi il ne s'aperceuscent, et qu'ele s'en gardast; car s'i l'ocient, dont iert Aucassins mes damoisiax mors, dont grans damages ert."

XV *Or se cante.*

Li gaite fu mout vaillans,
preus et cortois et saçans;
il a comencié un cant
ki biax fu et avenans:
"Mescinete o le cuer franc,
cors as gent et avenant,
le poil blont et reluisant,
vairs les ex, ciere riant;
bien le voi a ton sanblant,
parlé as a ton amant
qui por toi se va morant.
Jel te di et tu l'entens:
garde toi des souduians
ki par ci te vont querant,
sous les capes les nus brans;

forment te vont maneçant,
tost te feront messeant,
s'or ne t'i gardes."

XVI *Or dient et content et fabloient.*

"Hé!" fait Nicolete, "l'ame de ten pere et de te mere soit en benooit repos, quant si belement et si cortoisement le m'as ore dit. Se Diu plaist, je m'en garderai bien, et Dix m'en gart!"

Ele s'estraint en son mantel en l'onbre del piler, tant que cil furent passé outre; et ele prent congié a Aucassin, si s'en va tant qu'ele vint au mur del castel. Li murs fu depeciés, s'estoit rehordés, et ele monta deseure, si fist tant qu'ele fu entre le mur et le fossé; et ele garda contreval, si vit le fossé molt parfont et molt roide, s'ot molt grant paor.

"Hé! Dix," fait ele, "douce creature! se je me lais caïr, je briserai le col, et se je remain ci, on me prendera demain, si m'ardera on en un fu. Encor ainme je mix que je muire ci que tos li pules me regardast demain a merveilles."

Ele segna son cief, si se laissa glacier aval le fossé, et quant ele vint u fons, si bel pié et ses beles mains, qui n'avoient mie apris c'on les bleçast, furent quaissiés et escorciés et li sans en sali bien en dose lius, et ne por quant ele ne santi ne mal ne dolor por le grant paor qu'ele avoit. Et se ele fu en paine de l'entrer, encor fu ele en forceur de l'iscir. Ele se pensa qu'ileuc ne faisoit mie bon demorer, e trova un pel aguisié que cil dedens avoient jeté por le castel deffendre, si fist pas, un avant l'autre, si monta tant a grans painnes qu'ele vint deseure. Or estoit li forés pres a deus arbalestees, qui bien duroit trente liues de lonc et de lé, si i avoit bestes sauvages et serpentine; ele ot paor que, s'ele i entroit, qu'eles ne l'ocesiscent, si se repensa que, s'on le trovoit ileuc, c'on le remenroit en le vile por ardoir.

XVII *Or se cante.*

Nicolete o lẹ vis cler
fu montee le fossé;
si se prent a dementer
et Jhesum a reclamer:

"Peres, rois de maïsté,
or ne sai quel part aler:
se je vois u gaut ramé,
ja me mengeront li lé,
li lion et li sengler,
dont il i a a plenté;
et se j'atent le jor cler,
que on me puist ci trover,
li fus sera alumés
dont mes cors iert enbrasés;
mais, par Diu de maïsté,
encor aim jou mix assés
que me mengucent li lé,
li lion et li sengler,
que je voisse en la cité:
    je n'irai mie."

XVIII *Or dient*
et content
et fabloient.

Nicolete se dementa molt, si com vos avés oï; ele se conmanda a Diu, si erra tant qu'ele vint en le forest. Ele n'osa mie parfont entrer por les bestes sauvaces et por le serpentine, si se quatist en un espés buisson; et soumax li prist, si s'endormi dusqu'au demain a haute prime que li pastorel iscirent de la vile et jeterent lor bestes entre le bos et la riviere, si se traien d'une part a une molt bele fontaine qui estoit au cief de la forest, si estendirent une cape, se missent lor pain sus. Entreusque il mengoient, et Nicolete s'esveille au cri des oisiax et des pastoriax, si s'enbati sor aus.

"Bel enfant," fait ele, "Damedix vos i aït!"

"Dix vos benie!" fait li uns qui plus fu enparlés des autres.

"Bel enfant," fait ele, "conissiés vos Aucassin, le fil le conte Garin de Biaucaire?"

"Oïl, bien le counisçons nos."

"Se Dix vos aït, bel enfant," fait ele, "dites li qu'il a une beste en ceste forest et qu'i le viegne cacier, et s'il l'i puet prendre, il n'en donroit mie un menbre por cent mars d'or, non por cinc cens, ne por nul avoir."

Et cil le regardent, se le virent si bele qu'il en furent tot esmari.

"Je li dirai?" fait cil qui plus fu enparlés des autres. "Dehait ait qui ja en parlera, ne qui ja li dira! C'est fantosmes que vos dites, qu'il n'a si ciere beste en ceste forest, ne cerf, ne lion, ne sengler, dont uns des menbres vaille plus de dex deniers u de trois au plus, et vos parlés de si grant avoir! Ma dehait qui vos en croit, ne qui ja li dira! Vos estes fee, si n'avons cure de vo conpaignie, mais tenés vostre voie."

"Ha! bel enfant," fait ele, "si ferés. Le beste a tel mecine que Aucassins ert garis de son mehaing; et j'ai ci cinc sous en me bourse; tenés, se li dites; et dedens trois jors li covient cacier, et se il dens trois jors ne le trove, ja mais n'iert garis de son mehaing."

"Par foi," fait il, "les deniers prenderons nos, et s'il vient ci, nos li dirons, mais nos ne l'irons ja quere."

"De par Diu!" fait ele.

Lor prent congié as pastoriaus, si s'en va.

XIX *Or se cante.*

Nicolete o le cler vis
des pastoriaus se parti,
si acoilli son cemin
tres par mi le gaut foilli
tout un viés sentier anti,
tant qu'a une voie vint
u aforkent set cemin
qui s'en vont par le païs.
A porpenser or se prist
qu'esprovera son ami
s'i l'aime com il dist.
Ele prist des flors de lis
et de l'erbe du garris
et de le foille autresi,
une bele loge en fist,
ainques tant gente ne vi.
Jure Diu qui ne menti,
se par la vient Aucasins
et il por l'amor de li

ne s'i repose un petit,
ja ne sera ses amis,
n'ele s'amie.

XX *Or dient et content et fabloient.*

Nicolete eut faite le loge, si con vos avés oï et entendu, molt bele et mout gente, si l'ot bien forree dehors et dedens de flors et de foilles, si se repost delés le loge en un espés buison por savoir que Aucassins feroit.

Et li cris et li noise ala par tote le tere et par tot le païs que Nicolete estoit perdue: li auquant dient qu'ele en estoit fuie, et li autre dient que li quens Garins l'a faite mordrir. Qui qu'en eust joie, Aucassins n'en fu mie liés. Et li quens Garins ses peres le fist metre hors de prison, si manda les cevaliers de le tere et les damoiseles, si fist faire une mot rice feste, por çou qu'il cuida Aucassin son fil conforter.

Quoi que li feste estoit plus plaine, et Aucassins fu apoiiés a une puie tos dolans et tos souples; qui que demenast joie, Aucassins n'en ot talent, qu'il n'i veoit rien de çou qu'il amoit. Uns cevaliers le regarda, si vint a lui, si l'apela:

"Aucassins," fait il, "d'ausi fait mal con vos avés ai je esté malades. Je vos donrai bon consel, se vos me volés croire."

"Sire," fait Aucassins, "grans mercis; bon consel aroie je cier."

"Montés sor un ceval," fait il, "s'alés selonc cele forest esbanoiier; si verrés ces flors et ces herbes, s'orrés ces oisellons canter; par aventure orrés tel parole dont mix vos iert."

"Sire," fait Aucassins, "grans mercis; si ferai jou."

Il s'enble de la sale, s'avale les degrés, si vient en l'estable ou ses cevaus estoit; il fait metre le sele et le frain; il met pié en estrier, si monte, et ist del castel; et erra tant qu'il vint a le forest, et cevauça tant qu'il vint a le fontaine, et trove les pastoriax au point de none; s'avoient une cape estendue sor l'erbe, si mangoient lor pain et faisoient mout tresgrant joie.

XXI *Or se cante.*

Or s'asanlent pastouret,
Esmerés et Martinés,
Fruelins et Johanés,
Robeçons et Aubriés.
Li uns dist: "Bel conpaignet,
Dix aït Aucasinet,
voire a foi! le bel vallet;
et le mescine au corset
qui avoit le poil blondet,
cler le vis et l'oeul vairet,
ki nos dona denerés
dont acatrons gastelés,
gaïnes et coutelés,
flausteles et cornés,
maçueles et pipés,
Dix le garisse!"

XXII *Or dient et content et fabloient.*

Quant Aucassins oï les pastoriax, si li sovint de Nicolete se tresdouce amie qu'il tant amoit, et si se pensa qu'ele avoit la esté; et il hurte le ceval des eperons, si vint as pastoriax.

"Bel enfant, Dix vos i aït!"

"Dix vos benie!" fait cil qui fu plus enparlés des autres.

"Bel enfant," fait il, "redites le cançon que vos disiés ore."

"Nous n'i dirons," fait cil qui plus fu enparlés des autres. "Dehait ore qui por vous i cantera, biax sire!"

"Bel enfant," fait Aucassins, "enne me conissiés vos?"

"Oïl, nos savions bien que vos estes Aucassins nos damoisiax, mais nos ne somes mie a vos, ains somes au conte."

"Bel enfant, si ferés, je vos en pri."

"Os, por le cuerbé!" fait cil; "por quoi canteroie je por vos, s'il ne me seoit, quant il n'a si rice home en cest païs, sans le cors le conte Garin, s'il trovoit mé bués ne mes vaces ne mes brebis en ses prés n'en sen forment, qu'il fust mie tant herdis por les ex a crever qu'il les en ossast cacier? Et por quoi canteroie je por vos, s'il ne me seoit?"

"Se Dix vos aït, bel enfant, si ferés; et tenés dis sous que j'ai ci en une borse."

"Sire, les deniers prenderons nos, mais ce ne vos canterai mie, car j'en ai juré; mais je le vos conterai, se vos volés."

"De par Dieu," fait Aucassins, "encor aim je mix conter que nient."

"Sire, nos estiiens orains ci entre prime et tierce, si mangiens no pain a ceste fontaine, ausi con nos faisons ore, et une pucele vint ci, li plus bele riens du monde, si que nos quidames que ce fust une fee, et que tos cis bos en esclarci; si nos dona tant del sien que nos li eumes en covent, se vos veniés ci, nos vos desisiens que vos alissiés cacier en ceste forest, qu'il i a une beste que, se vos le poiiés prendre, vos n'en donriiés mie un des menbres por cinc cens mars d'argent ne por nul avoir: car li beste a tel mecine que, se vos le poés prendre, vos serés garis de vo mehaing; et dedens trois jors le vos covien avoir prisse, et se vos ne l'avés prise, ja mais ne le verrés. Or le caciés se vos volés, et se vos volés si le laiscié, car je m'en sui bien acuités vers li."

"Bel enfant," fait Aucassins, "assés en avés dit, et Dix le me laist trover!"

XXIII *Or se cante.*

Aucassins oï les mos
de s'amie o le gent cors,
mout li entrerent el cors.
Des pastoriax se part tost,
si entra el parfont bos;
li destriers li anble tost,
bien l'enporte les galos.
Or parla, s'a dit trois mos:
"Nicolete o le gent cors,
por vos sui venus en bos;
je ne caç ne cerf ne porc,
mais por vos siu les esclos.
Vo vair oiel et vos gens cors,
vos biax ris et vos dox mos

ont men cuer navré a mort.
Se Diu plaist le pere fort,
je vous reverai encor,
suer douce amie."

XXIV

Or dient
et content
et fabloient.

Aucassins ala par le forest de voie en voie et li destriers l'enporta grant aleure. Ne quidiés mie que les ronces et les espines l'esparnaiscent. Nenil nient! ains li desronpent ses dras qu'a painnes peust on nouer desu el plus entier, et que li sans li isci des bras et des costés et des ganbes en quarante lius u en trente, qu'aprés le vallet peust on suir le trace du sanc qui caoit sor l'erbe. Mais il pensa tant a Nicolete sa douce amie, qu'i ne sentoit ne mal ne dolor; et ala tote jor par mi le forest si faitement que onques n'oï noveles de li; et quant il vit que li vespres aproçoit, si comença a plorer por çou qu'il ne le trovoit.

Tote une viés voie herbeuse cevauçoit, s'esgarda devant lui en mi le voie, si vit un vallet tel con je vos dirai: Grans estoit et mervellex et lais et hidex; il avoit une grande hure plus noire q'une carbouclee, et avoit plus de planne paume entre deus ex, et avoit unes grandes joes et un grandisme nés plat et unes grans narines lees et unes grosses levres plus rouges d'une carbounee et uns grans dens gaunes et lais; et estoit cauciés d'uns housiax et d'uns sollers de buef fretés de tille dusque deseure le genol, et estoit afulés d'une cape a deus envers, si estoit apoiiés sor une grande maçue.

Aucassins s'enbati sor lui, s'eut grant paor quant il le sorvit.

"Biax frere, Dix t'i aït!"

"Dix vos benie!" fait cil.

"Se Dix t'aït, que fais tu ilec?"

"A vos que monte?" fait cil.

"Nient," fait Aucassins; "je nel vos demant se por bien non."

"Mais por quoi plourés vos," fait cil, "et faites si fait duel? Certes, se j'estoie ausi rices hom que vos estes, tos li mons ne me feroit mie plorer."

"Ba! me connissiés vos?" fait Aucassins.

"Oie, je sai bien que vos estes Aucassins, li fix le conte, et se vos me dites por quoi vos plorés, je vos dirai que je faç ci."

"Certes," fait Aucassins, "je le vos dirai molt volentiers: je ving hui matin cacier en ceste forest, s'avoie un blanc levrer, le plus bel del siecle, si l'ai perdu: por ce pleur jou."

"Os!" fait cil, "por le cuer que cil Sires eut en sen ventre! que vos plorastes por un cien puant? Mal dehait ait qui ja mais vos prisera, quant il n'a si rice home en ceste terre, se vos peres l'en mandoit dis u quinse u vint, qu'il ne les eust trop volentiers, et s'en esteroit trop liés. Mais je doi plorer et dol faire."

"Et tu de quoi, frere?"

"Sire, je le vous dirai. J'estoie luiés a un rice vilain, si caçoie se carue, quatre bués i avoit. Or a trois jors qu'il m'avint une grande malaventure, que je perdi le mellor de mes bués, Roget, le mellor de me carue; si le vois querant, si ne mengai ne ne buç trois jors a passés; si n'os aler a le vile, c'on me metroit en prison, que je ne l'ai de quoi saure; de tot l'avoir du monde n'ai je plus vaillant que vos veés sor le cors de mi. Une lasse mere avoie, si n'avoit plus vaillant que une keutisele, si li a on sacié de desou le dos, si gist a pur l'estrain, si m'en poise assés plus que de mi; car avoirs va et vient: se j'ai or perdu, je gaaignerai une autre fois, si sorrai mon buef quant je porrai, ne ja por çou n'en plouerai. Et vos plorastes por un cien de longaigne? Mal dehait ait qui ja mais vos prisera!"

"Certes, tu es de bon confort, biax frere; que benois soies tu! Et que valoit tes bués?"

"Sire, vint sous m'en demande on; je n'en puis mie abatre une seule maaille."

"Or tien," fait Aucassins, "vint que j'ai ci en me borse, si sol ten buef."

"Sire," fait il, "grans mercis, et Dix vos laist trover ce que vos querés!"

Il se part de lui; Aucassins si cevauce. La nuis fu bele et quoie, et il erra tant qu'il vin (*to the place where the seven roads forked*) si (*looked before him and saw the hut that*) Nicolete (*had built, and which was hung*) defors et dedens et par deseure et devant de flors, et estoit si bele que plus ne pooit estre. Quant Aucassins le perçut, si s'aresta tot a un fais, et li rais de le lune feroit ens.

"E! Dix," fait Aucassins, "ci fu Nicolete me douce amie, et ce fist ele a ses beles mains; por le douçor de li et por s'amor me descendrai je ore ci et m'i reposerai anuit mais."

Il mist le pié fors de l'estrier por descendre, et li cevaus fu grans et haus; il pensa tant a Nicolete se tresdouce amie qu'il caï si durement sor une piere que l'espaulle li vola hors du liu. Il se senti molt blecié, mais il s'efforça tant au mix qu'il peut et ataca son ceval a l'autre main a une espine, si se torna sor costé tant qu'il vint tos souvins en le loge; et il garda par mi un trau de le loge, si vit les estoiles el ciel, s'en vit une plus clere des autres, si conmença a dire:

XXV *Or se cante.*

"Estoilete, je te voi,
que la lune trait a soi;
Nicolete est aveuc toi,
m'amiete o le blont poil.
Je quid Dix le veut avoir
por la lu . . . e d s . . .
. . . .
. . . .
. . . .
que que fust du recaoir,
que fuisse lassus o toi:
ja te baiseroie estroit.
Se j'estoie fix a roi,
s'afferriés vos bien a moi,
suer douce amie."

XXVI *Or dient et content et fabloient.*

Quant Nicolete oï Aucassin, ele vint a lui, car ele n'estoit mie lonc; ele entra en la loge, si li jeta ses bras au col, si le baisa et acola.

"Biax doux amis, bien soiiés vos trovés!"

"Et vos, bele douce amie, soiés li bien trovee!"

Il s'entrebaissent et acolent, si fu la joie bele.

"Ha! douce amie," fait Aucassins, "j'estoie ore molt bleciés en m'espaulle, et or ne senç ne mal ne dolor, pui que je vos ai."

Ele le portasta et trova qu'il avoit l'espaulle hors du liu; ele le mania tant a ses blances mains et porsaca, si con Dix le vaut qui les amans ainme, qu'ele revint a liu; et puis si prist des flors et de l'erbe fresce et des fuelles verdes, si le loia sus au pan de sa cemisse; et il fu tox garis.

"Aucassins," fait ele, "biaux dox amis, prendés consel que vous ferés: se vos peres fait demain cerquier ceste forest et on me trouve, que que de vous aviegne, on m'ocira."

"Certes, bele douce amie, j'en esteroie molt dolans; mais, se je puis, il ne vos tenront ja."

Il monta sor son ceval et prent s'amie devant lui, baisant et acolant, si se metent as plains cans.

XXVII *Or se cante.*

Aucassins li biax, li blons,
li gentix, li amorous,
est issus del gaut parfont,
entre ses bras ses amors
devant lui sor son arçon;
les ex li baise et le front
et le bouce et le menton.
Ele l'a mis a raison:
"Aucassins, biax amis dox,
en quel tere en irons nous?"
"Douce amie, que sai jou?
Moi ne caut u nous aillons,
en forest u en destor,
mais que je soie aveuc vous."
Passent les vaus et les mons
et les viles et les bors;
a la mer vinrent au jor,
si descendent u sablon
lés le rivage.

XXVIII *Or dient et content et fabloient.*

Aucassins fu descendus entre lui et s'amie, si con vous avés oï et entendu; il tint son ceval par le resne et s'amie par le main, si conmencent aler selonc le rive (*and Aucassin looked toward the sea and saw a ship of merchants who were sailing near the coast*).

Il les acena et il vinrent a lui, si fist tant vers aus qu'i le missent en lor nef; et quant il furent en haute mer, une tormente leva, grande et mervelleuse, qui les mena de tere en tere, tant qu'il ariverent en une tere estragne et entrerent el port du castel de Torelore. Puis demanderent ques terre c'estoit, et on lor dist que c'estoit le tere le roi de Torelore; puis demanda quex hon c'estoit, ne s'il avoit gerre, et on li dist: "Oïl, grande."

Il prent congié as marceans et cil le conmanderent a Diu; il monte sor son ceval, s'espee çainte, s'amie devant lui, et erra tant qu'il vint el castel; il demande u li rois estoit, et on li dist qu'il gissoit d'enfent.

"Et u est dont se fenme?"

Et on li dist qu'ele est en l'ost et si i avoit mené tox ciax du païs; et Aucassins l'oï, si li vint a grant mervelle; et vint au palais et descendi entre lui et s'amie; et ele tint son ceval et il monta u palais, l'espee çainte, et erra tant qu'il vint en le canbre u li rois gissoit.

XXIX *Or se cante.*

En le canbre entre Aucassins,
li cortois et li gentis;
il est venus dusque au lit,
alec u li rois se gist;
par devant lui s'arestit,
si parla; oés que dist:
"Di va! fau, que fais tu ci?"
Dist li rois: "Je gis d'un fil;
quant mes mois sera conplis
et je sarai bien garis,
dont irai le messe oïr,
si com mes ancestre fist,
et me grant guerre esbaudir
encontre mes anemis;
nel lairai mie."

XXX *Or dient*
et content
et fabloient.

Quant Aucassins oï ensi le roi parler, il prist tox les dras qui sor lui estoient, si les houla aval le canbre; il vit deriere lui un baston, il le prist, si torne, si fiert, si le bati tant que mort le dut avoir.

"Ha! biax sire," fait li rois, "que me demandés vos? Avés vos le sens dervé, qui en me maison me batés?"

"Par le cuer Diu!" fait Aucassins, "malvais fix a putain, je vos ocirai, se vos ne m'afiés que ja mais hom en vo tere d'enfant ne gerra."

Il li afie; et quant il li ot afié:

"Sire," fait Aucassins, "or me menés la u vostre fenme est en l'ost."

"Sire, volentiers," fait li rois.

Il monte sor un ceval, et Aucassins monte sor le sien, et Nicolete remest es canbres la roïne. Et li rois et Aucassins cevaucierent tant qu'il vinrent la u la roïne estoit, et troverent la bataille de poms de bos waumonnés et d'ueus et de frés fromages; et Aucassins les conmença a regarder, se s'en esmevella molt durement.

XXXI *Or se cante.*

Aucassins est arestés,
sor son arçon acoutés,
si coumence a regarder
ce plenier estor canpel:
il avoient aportés
des fromages frés assés
et puns de bos waumonés
et grans canpegneus canpés;
cil qui mix torble les gués
est li plus sire clamés.
Aucassins, li prex, li ber,
les coumence a regarder,
s'en prist a rire.

XXXII *Or dient et content et flabent.*

Quant Aucassins vit cele mervelle, si vint au roi, si l'apele:

"Sire," fait Aucassins, "sont ce ci vostre anemi?"

"Oïl, sire," fait li rois.

"Et vouriiés vos que je vos en venjasse?"

"Oie," fait il, "volentiers."

Et Aucassins met le main a l'espee, si se lance en mi ax, si conmence a ferir a destre et a senestre, et s'en ocit molt. Et quant li rois vit qu'i les ocioit, il le prent par le frain et dist:

"Ha! biax sire, ne les ociés mie si faitement."

"Conment?" fait Aucassins, "en volés vos que je vos venge?"

"Sire," dist li rois, "trop en avés vos fait: il n'est mie costume que nos entrocions li uns li autre."

Cil tornent en fuies; et li rois et Aucassins s'en repairent au castel de Torelore. Et les gens del païs dient au roi qu'il cast Aucassin fors de sa tere, et si detiegne Nicolete aveuc son fil, qu'ele sanbloit bien fenme de haut lignage. Et Nicolete l'oï, si n'en fu mie lie, si conmença a dire:

XXXIII *Or se cante.*

"Sire rois de Torelore,"
ce dist la bele Nicolete,
"vostre gens me tient por fole:
quant mes dox amis m'acole
et il me sent grasse et mole,
dont sui jou a tele escole,
baus ne tresce ne carole,
harpe, gigle ne viole,
ne deduis de la nimpole
n'i vauroit mie."

XXXIV *Or dient et content et flaboient.*

Aucassins fu el castel de Torelore, et Nicolete s'amie, a grant aise et a grant deduit, car il avoit aveuc lui Nicolete sa douce amie que tant amoit. En ço qu'il estoit en tel aisse et en tel deduit, et uns estores de Sarrasins vinrent par mer, s'asalirent au castel, si le prissent par force; il prissent l'avoir, s'en menerent caitis et kaitives. Il prissent Nicolete et Aucassin, et si loierent Aucassin les mains et les piés, et si le jeterent en une nef et Aucassin en une autre; si leva une tormente par mer que les espartist.

Li nés u Aucassins estoit ala tant par mer waucrant qu'ele ariva au castel de Biaucaire; et les gens du païs cururent au lagan, si troverent Aucassin, si le reconurent. Quant cil de Biaucaire virent lor damoisel, s'en fisent grant joie, car Aucassins avoit bien més u castel de Torelore trois ans, et ses peres et se mere estoient mort. Il le menerent u castel de Biaucaire, si devinrent tot si home, si tint se tere en pais.

XXXV *Or se cante.*

Aucassins s'en est alés
a Biaucaire sa cité;
le païs et le regné
tint trestout en quiteé.
Jure Diu de maïsté
qu'il li poise plus assés
de Nicholete au vis cler
que de tot sen parenté
s'il estoit a fin alés.
"Douce amie o le vis cler,
or ne vous sai u quester;
ainc Diu ne fist ce regné
ne par terre ne par mer,
se t'i quidoie trover,
ne t'i quesisce."

XXXVI *Or dient et content et fabloient.*

Or lairons d'Aucassin, si dirons de Nicolete: La nés u Nicolete estoit estoit le roi de Cartage, et cil estoit ses peres, et si avoit dose freres, tox princes u rois. Quant il virent Nicolete si bele, se li porterent molt grant honor et fisent feste de li, et molt li demanderent qui ele estoit, car molt sanbloit bien gentix fenme et de haut lignage. Mais ele ne lor sot a dire qui ele estoit, car ele fu pree petis enfés. Il nagierent tant qu'il ariverent desox le cité de Cartage, et quant Nicolete vit les murs del castel et le païs, ele se reconut, qu'ele i avoit esté norie et pree petis enfés, mais ele ne fu mie si petis enfés que ne seust bien qu'ele avoit esté fille au roi de Cartage et qu'ele avoit esté norie en le cité.

XXXVII *Or se cante.*

Nichole li preus, li sage,
est arivee a rivage,
voit les murs et les astages
et les palais et les sales;
dont si s'est clamee lasse:
"Tant mar fui de haut parage,
ne fille au roi de Cartage,
ne cousine l'amuaffle!
Ci me mainnent gent sauvages.
Aucassin gentix et sages,
frans damoisiax honorables,
vos douces amors me hastent
et semonent et travaillent.
Ce doinst Dix l'esperitables
c'oncor vous tiengne en me brace,
et que vos baissiés me face
et me bouce et mon visage,
damoisiax sire."

XXXVIII *Or dient et content et fabloient.*

Quant li rois de Cartage oï Nicolete ensi parler, il li geta ses bras au col.

"Bele douce amie," fait il, "dites moi qui vos estes; ne vos esmaiiés mie de mi."

"Sire," fait ele, "je sui fille au roi de Cartage et fui preee petis enfés, bien a quinse ans."

Quant il l'oïrent ensi parler, si seurent bien qu'ele disoit voir, si fissent de li molt grant feste, si le menerent u palais a grant honeur, si conme fille de roi. Baron li vourent doner un roi de paiiens, mais ele n'avoit cure de marier. La fu bien trois jors u quatre. Ele se porpensa par quel engien ele porroit Aucassin querre; ele quist une viele, s'aprist a vieler, tant c'on le vaut marier un jor a un roi rice paiien. Et ele s'enbla la nuit, si vint au port de mer, si se herbega ciés une povre fenme sor le rivage; si prist une herbe, si en oinst son cief et son visage, si qu'ele fu tote noire et tainte. Et ele fist faire cote et mantel et cemisse et braies, si s'atorna a guise de jogleor; si prist se viele, si vint a un marounier, se fist tant vers lui qu'il le mist en se nef. Il drecierent lor voile, si nagierent tant par haute mer qu'il ariverent en le terre de Provence. Et Nicolete issi fors, si prist se viele, si ala vielant par le païs tant qu'ele vint au castel de Biaucaire, la u Aucassins estoit.

XXXIX *Or se cante.*

A Biaucaire sous la tor
estoit Aucassins un jor,
la se sist sor un perron,
entor lui si franc baron;
voit les herbes et les flors,
s'oit canter les oisellons;
menbre li de ses amors,
de Nicholete le prox
qu'il ot amee tans jors,
dont jete souspirs et plors.
Es vous Nichole au peron,
trait viele, trait arçon;
or parla, dist sa raison:
"Escoutés moi, franc baron,
cil d'aval et cil d'amont!
Plairoit vos oïr un son
d'Aucassin, un franc baron,
de Nicholete la prous?
Tant durerent lor amors
qu'il le quist u gaut parfont;
a Torelore u dongon
les prissent paiien un jor.

D'Aucassin rien ne savons,
mais Nicolete la prous
est a Cartage el donjon,
car ses pere l'ainme mout
qui sire est de cel roion.
Doner li volent baron
un roi de paiiens felon:
Nicolete n'en a soing,
car ele aime un dansellon
qui Aucassins avoit non;
bien jure Diu et son non
ja ne prendera baron,
s'ele n'a son ameor
que tant desire."

XL *Or dient et content et fabloient.*

Quant Aucassins oï ensi parler Nicolete, il fu molt liés, si le traist d'une part, se li demanda:

"Biax dous amis," fait Aucassins, "savés vos nient de cele Nicolete dont vos avés ci canté?"

"Sire, oie, j'en sai con de le plus france creature et de le plus gentil et de le plus sage qui onques fust nee; si est fille au roi de Cartage, qui le prist la u Aucassins fu pris, si le mena en le cité de Cartage tant qu'il seut bien que c'estoit se fille, si en fist molt grant feste; si li veut on doner cascun jor baron un des plus haus rois de tote Espaigne; mais ele se lairoit ançois pendre u ardoir qu'ele en presist nul tant fust rices."

"Ha! biax dox amis," fait li quens Aucassins, "se vous voliiés raler en cele tere, se li dissiscciés qu'ele venist a mi parler, je vos donroie de mon avoir tant con vos en oseriés demander ne prendre. Et saciés que por l'amor de li ne voul je prendre fenme tant soit de haut parage, ains l'atenç, ne ja n'arai fenme se li non; et se je le seusce u trover, je ne l'eusce ore mie a querre."

"Sire," fait ele, "se vos çou faissiés, je l'iroie querre por vos et por li que je molt aim."

Il li afie, et puis se li fait doner vint livres. Ele se part de lui, et il pleure por le douçor de Nicolete; et quant ele le voit plorer:

"Sire," fait ele, "ne vos esmaiiés pas, que dusqu'a pou le vos arai en ceste vile amenee, se que vos le verrés."

Et quant Aucassins l'oï, si en fu molt liés. Et ele se part de lui, si traist en le vile a le maison le viscontesse, car li visquens ses parrins estoit mors. Ele se herbega la, si parla a li tant qu'ele li gehi son afaire et que le viscontesse le recounut et seut bien que c'estoit Nicolete et qu'ele l'avoit norrie; si le fist laver et baignier et sejorner uit jors tous plains. Si prist une herbe qui avoit non esclaire, si s'en oinst, si fu ausi bele qu'ele avoit onques esté a nul jor; se se vesti de rices dras de soie, dont la dame avoit assés, si s'assist en le canbre sor une cueute pointe de drap de soie, si apela la dame et li dist qu'ele alast por Aucassin son ami. Et ele si fist, et quant ele vint u palais, si trova Aucassin qui ploroit et regretoit Nicolete s'amie, por çou qu'ele demouroit tant; et la dame l'apela, si li dist:

"Aucassins, or ne vos dementés plus, mais venés ent aveuques mi et je vos mosterai la riens el mont que vos amés plus, car c'est Nicolete vo duce amie, qui de longes terres vos est venue querre."

Et Aucassins fu liés.

XLI *Or se cante.*

Quant or entent Aucassins
de s'amie o le cler vis
qu'ele est venue el païs,
or fu liés, ainc ne fu si.
Aveuc la dame s'est mis,
dusqu'a l'ostel ne prist fin;
en le cambre se sont mis,
la u Nicholete sist.
Quant ele voit son ami,
or fu lié, ainc ne fu si;
contre lui en piés sali.
Quant or le voit Aucassins,
andex ses bras li tendi,
doucement le recoulli,
les eus li baisse et le vis.

La nuit le laissent ensi,
tresqu'au demain par matin
que l'espousa Aucassins:
dame de Biaucaire en fist;
puis vesquirent il mains dis
et menerent lor delis.
Or a sa joie Aucassins
et Nicholete autresi.
No cantefable prent fin,
n'en sai plus dire.

VOCABULARY

A

a: avoir
a to, at, in, with, of, for
a ah!
abatre to throw down, beat to earth. PI3 **abat**
abosmé dismayed
acater to buy, purchase. FI4 **acatrons;** PD1 **acatai,** 3 **acata;** PP **acaté**
acena PD3 to signal, motion to
acievé terminated
acoilli PD3 to take
acoler to embrace. PI3 **acole,** 6 **acolent;** PrP **acolant;** PP **acolé**
acouté leaning
acuité acquitted
acusé accused
adolé grieved
adrecié directed
afaire situation
afferriés CI5 **-rir** to suit, agree, fit
afier to affirm, promise. PL1, 3 **afie,** 5 **afiés;** PP **afié**
aforkent PI6 to divide, cross, fork
afulé covered
aguisié sharpened
ai: avoir
ai alas!
aidier to aid, help. PS3 **aït;** Imptv. 2 **aïe, aiues**
aillons: aler
aim: amer
ainc ever, never
ainme: amer
ainques: ainc
ains rather, but, on the contrary
aire race
aise, aisse ease
aït: aidier
aiues: aidier
ajorné dawned
ala: aler
alec there, at that spot
aleoirs passage way (behind battlement)
aler to go. PI1 **vois,** 3 **va,** 5 **alés,** 6 **vont;** II6 **aloient;** PD1 **alai,** 3 **ala;** PS1 **voise, voisse,** 4 **aillons;** IS3 **alast,** 5 **alissiés;** PP **alé**
aleure pace
alissiés: aler
alumé lighted
amaladis sick
amans, -t lover
ame soul
amener to lead, bring. PD1 **amenai,** 3 **amena;** PP **amené**
ameor lover
amer to love
amie, -e, -s friend, beloved
amïete darling, little friend
amissiés, amoie, amoit: amer
amont above, upward
amor, -s love; beloved
amorous enamoured, amorous
amuafle emir
an M2 year
anble PI3 **-er** to amble
ancestre ancestor
anciien ancient
ançois rather
andex both
anemi enemy
ans year
anti, -f of old, ancient
anuit tonight
aparellié prepared, ready
apeler to call. PI3 **apele;** PD3 **apela**
aperceuscent IS6 **-cevoir,** *refl.* to be aware
apoia PD3, **apoiié** PP **-er,** *refl.* to lean
aporté brought
aprés after, behind
aprist PD3, **apris** PP to learn
aproçoit II3 to approach
ara: avoir
arbalestee bowshot (cross bow)
arçon bow (saddle, violin)
ardoir to burn. II3 **argoit;** FI1 **arderai;** CI1 **arderoie,** 3 **arderoit**
arés: avoir
arester to stop. PD3 **aresta, -it;** PP-**é**
argens silver, money
argoit: ardoir
ariere back
ariés: avoir
ariver to come to shore, arive
arme: ame
armer to arm
armes arms
aroie: avoir
as: a les
asalir to assail
asanler to assemble

asaus assault
asaut: asalir
asis: assis
asognenter to make one's mistress. CI3 **asoignenteroit;** PP **asognenté**
assés enough, much
assis placed, arranged, regular
astages building, house
ataca PD3 to attach
atendre to await. PI1 **atenc, -t;** CI1 **atenderoie;** IS1 **atendisse**
atorna PD3 to attire, dress
au: a le
auberc hauberk
aumosne alms
auquant some, certain ones
aus: ex
ausi also, too
autex altar
autre other
autresi also, too. **autresi con** just as
autr'ier other day
aval below, down
avaler to descend
avant before; this way, forward
avenans agreeable, pleasing
avenir to happen
aventure adventure
avers in comparison with, beside
aveuc, aveuques, avoc with
avoir to have. PI1 **ai,** 2 **a,** 4 **avons,** 5 **avés,** 6 **ont;** II1 **avoie,** 3 **avoit,** 6 **avoient;** FI1 **arai,** 3 **ara,** 5 **arés;** CI1 **aroie,** 3 **aroit,** 5 **ariés, ariiés;** PD3 **ot, eut,** 4 **eumes,** 5 **eustes;** IS1 **eusce,** 2 **euses,** 3 **eust,** 5 **eusciés**
ax: ex

B

ba bah!
baceler youth
baer to gape
baignier to bathe
bailier to give, hand over
bais(s)ier to kiss
bares barrier, entrenchment
baron nobleman; baron; husband
baston stick
bataille battle
batre to beat
baus dance
bautisié *m* (*fem:* **-ie;** *does not add* **-e**) PP **-ier** to baptize
bé: (*corruption*) **Dix**
bel, -e: biax
belement fairly, beautifully
beneïr to bless. PS3 **benie;** PP **benois, -ooit**
ber: baron
beste beast
biauté beauty
biax beautiful, fair, fine, handsome
bien well, very
bien happiness, good, property, wealth
bis grey; dark
blanc, -s white
blecier to hurt, injure. IS3 **bleçast;** PP **blecié**
bliaut tunic
blondet: *dim.* of **blons**
blons, -t blond, flaxen
bon, boin, buen good
bons pleasure, will
border, -ir to jest
borgois burgher, townsman
bors town
borse purse
bos wood
bouce mouth
bouté pushed, put, thrust
brace embrace; arms
braies breeches
brans sword
bras arm
brebis sheep
briserai FI1 to break
buç PD1 to drink
buef ox, ox-hide
buen: bon
bués: buef
buis(s)on bush

C

c': ce, que
ça here
cacier to hunt, guide, chase. PI1 **caç,** 5 **caciés;** II1 **caçoie;** PS3 **cast**
çaindre to gird on. PD3 **çainst;** PP **çaint**
caïr to fall. II3 **caoit;** PD3 **caï**
caitis, -ive captive, caitiff, wretched, miserable
cambre, canbre room, chamber
cançon song
canpegneus mushroom
canpel field, rural, open
cans, -t song

cans field
cantefable song-story (*sole occur.*)
canter to sing. PI3 **cante;** FI1 **canterai,** 3 **cantera;** CI1 **canteroie;** PP **canté**
caoit: caïr
cape cape, large cloak
caple massacre, slaughter
car meat
car for, now
carboucles coal, charcoal
carbounee grilled meat
carole dance
carue plough, plough team
cascun each, every
cast: cacier
castel castle
cateron bud, nipple, tip
caucié shod
cauper to cut. PI3 **caupe;** FI6 **cauperont;** PP **caupé**
caut hot, warm
caut PI3 to be important, matter
caviaus, -ax hair
ce this, that
cel, this, that
celier cellar
cemin road, way
cemisse chemise, shirt
cens, -t hundred
center: canter
cerf stag
cerisse cherry
cerquier to search
certes certainly, truly
ces: ce
ceval, -aus horse
cevalers, -ier knight
cevaucier to ride. PI3 **cevauce;** II3 **cevauçoit;** PD3 **cevauça,** 6 **cevaucierent**
cevaus: ceval
ci: cel, cil
ci here
ciax: cil
cief head, beginning, edge
ciel heaven, sky
cien dog
cier, -re dear, valuable
ciere face
ciés with, at the home of
cil this, that, he, the one
cil this, that
cinc five
cis: ce
cité city
civre goat
clamer to name, declare. PD3 **clama;** PP **clamé**
cler light, bright, clear
clerc cleric
clop lame, crippled
ço that
coi :quoi
coi quiet, tranquil
coint gracious, trim, neat, well-bred
col neck
com: conme
comencier: conmencier
comment: conment
con: conme
conduist PD3 **-ire** conduct, lead
confort comfort
conforter to comfort
congié leave
conissiés: connoistre
conmander to command, commend. PD3 **conmanda,** 6 **conmanderent;** PP **conmandé**
conme as, like, how
conmencier to begin, commence. PI3 **conmence, coumence, comence,** 6 **conmencent;** PD3 **conmença**
conment how
connoistre to know, be acquainted with. PI4 **couniscons,** 5 **connissiés, conissiés**
conpagnie company
conpaignet companion (*dim.*)
conpaignie: conpagnie
conplis accomplished, fulfilled
conquis conquered
consel advice, counsel
conte count
conter to tell, relate. PI6 **content;** FI1 **conterai**
contre counter, toward
contreval down, downwards
convenir to behoove, be necessary. PI3 **convien, -t;** FI3 **convenra**
corans swift
corde cord, rope
cornés (little) horn
corre to run. PI3 **cort;** PD6 **cururent**
cors body, person, self
corset (short) tunic; waist
cort PI3 **corre**
cortois courteous, refined
cortoisement courteously
costé side
costume custom, habit

cote coat, jacket
çou this, that
coumence: conmencer
counisçons: connoistre
courecier to get angry
cousine cousin
coutel knife
coutelés knife (*dim.*)
couvens, covens, -t agreement, covenant
covien: convenir
creante PI3 **-er** to agree to, grant
creature creature
creute crypt, grotto
crever to crack, burst
creveure crack, crevice
cri cry
crier to cry. PI6 **crient**
crigne head of hair
cris cry
croire to believe. PI3 **croit**
cropent PI3 **-ir** to crouch
cruute crypt
cué, cuer heart
cuerbé: bé
cueute pointe quilt
cuidier to believe. PI1 **cuit, quid, quit,** 5 **cuidiés;** II1 **quidoie;** CI5 **cuideriés;** PD3 **cuida,** 4 **quidames**
cure desire
cururent PD6 **corre**

D

d': de
damages loss, pity
dame lady
damoisel, -ele, iax young man, young lady, young lord
dansellon young lord
de of, from, by, concerning, with
decauç, shoeless, barefoot
dedens within
deduis, -t delight, pleasure
deffendre to defend
deffrema PD3 to unfasten. (*Picard form for* **deferma**)
defors outside
degrés stairs
dehait hatred of God, a curse upon
dehors outside
del: de le
delés beside, near
delis delight, pleasure
demain tomorrow, morrow
demander to demand, ask
demener to lead
dementer to complain, lament
demorer to remain, tarry
denerés: (*dim.*) **denier**
deniers denier, penny; money; 1-12 silver sou
dens teeth
dens in
departir to part, separate
depecié broken (down)
deport amusement, sport
deriere behind
dervé mad
des: de les
descendre to descend, dismount, alight
deseure upon, on
desfendre: deffendre
desire PI3 **-er** to desire
desireté disinherited
desisiens: dire
desos, -ou, -ox under, beneath
desrompre to tear
dessaisir to strip, remove
desseure on, upon
destor out-of-the-way place
destorbier difficulty, trouble
destre right
destrier charger, war horse
desu on, upon
detiegne PS3 **-tenir** to detain, keep
deul grief, sorrow
deus two
deust: devoir
devant before
devers toward, near
devés: devoir
devinrent PD6 **devenir** to become
devisse device, care, art
devoir to owe, ought, should, be to, etc. PI1 **doi,** 2 **dois,** 5 **devés;** PD3 **dut;** PS3 **doie;** IS3 **deust**
dex: deus
dire to say, tell. PI1 **di,** 5 **dites,** 6 **dient;** II3 **disoit,** 5 **disiés,** 6 **disoient;** FI1 **dirai,** 3 **dira,** 4 **dirons;** IS4 **desisiens,** 5 **dissisciés;** PP **dit**
dis recitation, speech, talk
dis ten
dis days
Diu, Dix God
doce: dous
doi: devoir
doinse: doner
dol: duel
dolans, suffering, afflicted

dolor pain, suffering
doner to give. PI5 **donés;** FI1 **donrai,** 3 **donra;** CI1 **donroie,** 3 **donroit,** 5 **donriiés;** PD3 **dona;** PS1 **doinse,** 3 **doinst;** IS1 **donasce, donasse**
dongon donjon, tower, keep
dont of which, whose, whence
dont then, so, therefore
dormoit II3 **-ir** to sleep
dos back
dose twelve
douce: dous
doucement tenderly
douçor, -our sweetness
dous, -x sweet, tender, dear, gentle
drap cloth, clothing, sheet, cover
drecierent PD6 to raise, set, hoist (sail)
drois right, justice
droit right, completely
du: de le
Du God
dublier double, lined
duce: dous
duel grief, chagrin, sorrow
dur hard
durement hard
durer to endure, extend, last. PI3 **dure;** II3 **duroit;** PD6 **durerent**
dusque as far as, within, up to
dut: devoir

E

e: et
e eh!
eage age
efforça: PD3 **s'efforcier** to make an effort
el: en le
el other, otherwise
el: ele
ele she, it
en therefrom, thereof, of it, some, any, of her, of him, with it
en in, on
en not?
enbare PI3 **-er** to break in, bash in
enbati: PD3 **s'enbatre** to fall upon suddenly, unexpectedly
enbler to steal (away); **s'—** to escape. PI3 **enble;** PD3 **enbla**
enbrasé kindled, burning
enclorre to enclose, clasp, hold
encontre against
encor still, yet, again
endormi: PD3 **s'-ir** to go to sleep
ene not?
enfances youthful deeds
enfans, -t, -ent, -és child
engien device, plan, means
enne not?
enondu in the name of God
enparlés outspoken, talkative
enpereris empress
enploiié placed, employed
enporter to carry off
ens in, within
ensanble together
enseurquetot above all, moreover
ensi thus
ent: en
entecié marked, endowed
entendre to hear
enterriés CI5 **entrer** to enter
entier entire, whole
entor around
entre between, in the middle of, among; **—** . . . **et** both . . . and; each other
entrebaissier to embrace, kiss (one another)
entrepris overcome
entrer to enter. CI5 **enterriés**
entreusque while
entrocire to slay each other
entroeusque: entreusque
envers: a deus envers double faced
envoier to send
eperons: esperons
erbe herb, grass
ere FI1 **estre**
ereses worn out
ermin ermine
errer to go
ert FI3 **estre**
es: en les
es here is, are (behold)
esbahis bewildered
esbanoiier to divert one's self
esbaudir to encourage, urge on
escargaites watch
escerveler to brain
esclaire celandine (greater)
esclairier to make lighter, deliver from grief, comfort
esclarcir to lighten, grow bright
esclos track, trace
escole school, condition, state
escorcier, *refl.* to tuck up one's skirt
escouter to listen

escu shield
esgarder to look
esmaiier, *refl.* to be dismayed, frightened
esmari astonished
esmeveller, *refl.* to marvel, wonder
espanir to bloom, open, blossom
espargnier to spare
espartir to separate
espaulle shoulder
espee sword
esperitables spiritual
esperoner to spur
esperons spurs
espés thick
espiel lance
espine thorn
espouse wife
espouser to marry
esprover to prove, test
esquelderoie CI1 **escoillir** to hurl, throw
essor fresh air
est: estre
estable stable
estage floor, lodging
esté summer
esté: estre
estendre to spread, stretch
ester to stand, be
esteroie: estre
estoile star
estoit: estre
estoné stunned
estor combat, battle (Sturm)
estores fleet
estragne: estrange
estrain straw
estraindre, *refl.* to wrap one's self in
estre, iestre to be. PI1 **sui,** 2 **es, ies,** 3 **est,** 4 **somes,** 5 **estes;** II1 **estoie,** 3 **estoit,** 4 **estiiens,** 6 **estoient;** FI1 **ere, serai, sarai,** 3 **ert, sera,** 5 **serés;** CI1 **esteroie,** 3 **esteroit, seroit;** PD1 **fui,** 3 **fu;** PS1 **soie,** 2 **soies,** 5 **soiés, soiiés;** IS1 **fuisse,** 3 **fust,** 6 **fuissent;** PP **esté**
estrier stirrup
estroit closely, straitly
estroseement, estrousement quickly
estrumelé without breeches
esveiller to awaken
esvertin folly, epilepsy, dizziness
et and
eumes: avoir
eus eyes
eusce, *etc.*: **avoir**
ex eyes
ex they, them

F

fabler, -oier to talk, converse
faç: faire
face face
faelé cracked
faide vengeance
faim hunger
faire to do, make, say
fais deed, blow, heap, mass
faitement thus, in this (that) way, so
fantosme revery, phantom, fantasy
fare, farre: faire
fau foolish; fool
fee fairy
felon felon, traitor
femme woman, wife
fenestre window
fenme: femme
ferir to strike
feroit CI3 **faire,** II3 **ferir**
feste feast, festival
fiere: ferir
fil son
file, fille daughter, girl
fillole, filole goddaughter
fin end; **male fin** outcry, noise, disturbance
fix son
flaber: fabler
flanc, -s side, flank
flaustele little flute, flageolet
flor flower
foi faith
foille leaf, foliage
foilli leafy
fois time
fole foolish; fool
folie folly
fond, -s bottom
fontaine fountain, spring
force force
forceur greater
forés forest
forment wheat, grain
forment greatly, strongly
fornis: bien — strong, vigorous, well built

forré hung, lined, tapestried
fors strong, vigorous
fors outside; — . . . **que** except
fossé moat, ditch
frain bridle
frales frail, feeble
franc, -e, -s noble
frere brother
frés, -sce fresh
fretés corded, banded, laced
froit cold
fromage cheese
front forehead, brow
fu fire, stake
fuelle leaf
fuies flight
fuir to flee
furnir to accomplish
fus: fu

G

g': je
gaaignier to gain
gaber to make fun of, mock
gaegnier to gain
gai gay
gaïne sheath
gaite watchman
galopiax gallop
galos gallop
ganbe leg
ganbete (little) leg
garder to look, keep, take care
gardin, -ng garden, park
garir to heal, protect, cure
garnemens equipment
garris waste, wild, moor
gart: garder
gastelés (little) cake
gastoit II3 **-er** to lay waste
gaudine (little forest) grove
gauges: nois — walnuts (or other large nuts)
gaune yellow
gaut forest (Wald)
gehir to confess (ja)
genol knee
gens, -t people, folk
gens, -t handsome
gentil, -is, -ix noble, gentle
gerra: gesir
gerre: guerre
gerroier to make war
gesir to lie (in bed) (in child-bed)
geter to throw, put, fling
gigle fiddle
gis, gissoit, gist: gesir
glacier to slip
gorés FI5 **goïr** to enjoy
graille slender, thin
grande: grans
grandisme enormous
grans, -t great, large, tall
gras plump
gris grey (fur)
gros big
gué ford
guerre, guere war
guise manner, fashion, wise

H

ha ha!
haïr to hate. PI3 **het,** 5 **haés;** II3 **haoit**
hance haunch, hip
harpe harp
haster to press, urge
haus, -t high
he ah!
herbe herb, grass
herbegier to lodge
herbeuse grassy
herdis bold
herpeor harpist
het: haïr
hiame, hiaume helmet
hidex hideous
hom, hon, home man
honerer: honorer
honers, honeur, honor honor
honorables honorable
honorer to honor
honte shame, outrage
hors outside
houler to launch, hurl
housiax gaiters, hose
hui today
hure bushy head
hurter to dash, jab, prick

I

i there; to her, to him
i it, they; that
iaume helmet
icil those
ier yesterday
iert, ies, iestre: estre
il he, they, it
il: i le
ilec, ileuc there

infer hell
irai: aler
iscir, issir to issue, go out

J

j': je
ja now, already, ever, never
je I
jel: je le
jeter to throw, cast, drive, abandon
jo: je
joe cheek
jogleor minstrel, jongleur
joie joy
jor day
jouer to play
jurer to swear
jut: gesir

K

kaitive captive
keutisele pallet, thin mattress
ki: qui

L

l': le
l': li
la the
la her, it
la there, where, when
lacier to lace
lagan wreckage
lairai: laissier
lance lance
lancier to throw
lasse *f.* unfortunate, wretched
lassus up there
laver to wash
le the (*m.&f.*)
le him, her, it
lé: les
lé broad; breadth
lé wolf
lees wide
les the
les them
lés beside
leur their
lever to lift, pick up, raise
levre lip
levrer grey hound, rabbit dog
levrete little lip
li the
li him, her, it
lié *m*, **lie** *f* glad
lieu league
lieve: lever
lignage lineage, family
lin linen
lion lion
lis lily
lit bed
liu place
livre pound
loge lodge, hut, bower
loier to bind, tie, fasten
lonc length; long, distant
lonc far, distant
longaigne latrine, drain, dunghill
longe: lonc
longement long (time)
lor their, them
lor then
lorseilnol nightingale
lués on the spot, at once
lui him
luier to hire, engage
luire to shine
lumiere light
lune moon

M

m': me, ma
ma my
ma: mal
maaille mail; half penny (½ denier)
maçue club, big stick
maçuele little club
mai May
main hand
mainent, mainne: mener
mains numerous, many
mais but; — **que** provided
mais more; **ja mais** never
maisiere wall, masonry
maison house
maïsté majesty
mal evil, trouble, hurt, illness
mal evil, bad, ill
malades sick, ill
malaventure misfortune
malement badly
maleoit PP **-eïr** to curse
maleurox unfortunate
malvais evil, bad, unfortunate
mamele breast, bosom

mamelete *dim.*: **mamele**
manacier to threaten, menace, quarrel, reprimand
mander to summon, demand
manecier: manacier
mangier to eat
manier to handle, feel
manke maimed, crippled, one-armed, one-handed
mannent: mener
mantel cloak, mantel
mar in an ill hour, unhappily, vainly
marbre marble
marbrine of marble
marceans merchant
margerite daisy
marier to marry
marounier mariner, seaman
mars mark (8 ounces)
maserin mazer, mazerine, shallow bowl, drinking cup (of striped wood or maple)
matin morning
maus: mal
mauvais: malvais
me me
me *f* my
mé my
mecine medicine
mehaing wound, hurt, malady
meismes self
mellor better, best
men my
menbre member, limb
menbrer to remember
mener to lead, treat, drive, conduct
mengier to eat
mentir to lie
menton chin
menuisse arch, instep
menus small
mer sea
mercis thanks
mere mother
merveille, marvel, wonder
mervelleuse, -ex marvelous
mes my
més PP **manoir** to remain
mesaise misery
mescine maiden, young girl
mescinete little girl
mescoisir to fail to see, mischoose
messe mass
messeant unbecoming
mestiers need
metre to put, place; *refl.* to set one's self; **metre a raison** to address
mi me
mi mid, middle, midst
mie not (**mica** crumb)
mien mine
mier pure
mile thousand
miramie?
mis, -e, -sse, -st, *etc.*: **metre**
miue mine
mix better, best
moeurent: morir
moi me
mois month
mole soft, tender
mollier wife
molt much, very
mon my
monde, -ns, -nt world
mons mountains
monter to ascend, climb, mount; concern, matter
morant: morir
mordrir to kill, murder
morir to die
mort death
mortel mortal, deadly
mos, -t word
mosterai FI1 **mostrer** to show
mot: molt
mouillé wife
mout: molt
muir PI1, **-re** PS1: **morir**
mur, -s, wall

N

n': ne
nagierent PD6 **-ier** to navigate, sail
naie no, nay
narine nostril
nasel nasal, nose-guard
navrer to wound
ne not; or, nor
né born
nef, -és ship
nel: ne le
nenil no; **—nient** not at all
ne por quant however, nevertheless
nes: ne les
nés nose
nés PP **naistre** to be born
ni nor

nient nothing
nimpole? (a game played on a checker or chess board)
no our
noir black
nois nut
noise rumor, report
non no
non name
none none (ninth hour, 3 PM, *cf.* English noon)
nori, norri: nourir
nos we, us
nos our
nouer to fasten, knot, tie
nourir to rear, nourish. PP **nori, norri, nouri**
nous we, us
noveles news
nu, -s naked, bare
nuis: nul
nuis, -t, night
nul, -le, -s no, not any, none

O

o with
oblier: oublier
oblit PS3: **oublier**
occirre to kill
ocesissent IS6 **ocire**
ocire to kill
oés PI5, **oï** PP **oïr**
oeul eye
oie yes
oiel eye
oïl yes
oinst PD3 **oindre** to anoint
oir heir
oïr to hear. PI2 **os,** 3 **oit, ot;** FI5 **orrés;** PD3 **oï,** 6 **oïrent;** PP **oï;** Imptv.2 **os,** 5 **oés**
oisax, -iax bird
oisellon birdie
oit: PI3 **oïr**
on one, you, they, people
onbre shadow
oncor: encor
onques never
or gold
or now, then
orains just now, recently
ore now
orphenine orphan
orrés FI5 **oïr**
ors gold
orteil, -ex toe
os PI1 **oser**
os: oïr to hear (PI2 used as exclamation)
oser to dare
ost army
ostel hostel, house, lodging
oster to remove, take away
ot PI3 **oïr;** PD3 **avoir**
otroier to grant, consent to
ou or; where
oublier to forget
oume man
outre farther, beyond

P

paiien pagan
pain bread
paine, painne pain, difficulty, trouble
pais peace
païs land, country
palais palace
palefrois palfrey
pan skirt, section
panturé painted, ornamented
paor fear
par by, through, with
par very, much
paradis paradise
parage family, house, peerage
parenté kin, relatives
parfond deep, profound
parler to speak
parole word, speech
parole PI3 **parler**
parrins godfather
pars, -t side, direction
partir to depart, separate
pas step
pas not
passer to pass
pastorel, -iaus, -ax, -et little shepherd
paume palm
pel stake
pelerin pilgrim
peliçon pelisse, fur lined jacket
pendre to hang
penser to think
peor fear
perçut PD3 to perceive
perdre to lose
pere father
peron step, seat, horse block
petis, -t little, small
peu little

peus: pel
peusce: IS1 **pooir**
pié foot
piere stone
piler pillar, buttress
pipés little pipe
plain full, wide, open, flat, complete, entire
plaindre to complain, lament
plairoit, plaist to please
plan: plain
planté planted
plenier plenary, full, violent
plenté plenty
pleur: plorer
plorer to weep
plors tears
plouerai, plurer: plorer
plus more, most
poés: pooir
poil hair, head of hair
poin hilt, pommel
point point, **ne . . . —** not at all
point PP **-dre** to prick, quilt
poise PI3 **peser** to weigh (upon), trouble
poms apples
pooir to be able
por for, in order to, on account of; **por coi** why? **por çou que** because
pora: pooir
porc boar, swine, hog
porparler to discuss
porpenser, *refl.* to consider, reflect
porrai: pooir
porsaca PD3 **-ier** to pull in all directions
port port
portaster to feel about
porte door, gate
porter to carry, bear, wear, pay
postic postern gate
pot: pooir
pou little
povre poor
preer to capture, carry off
premiers first
prendre to take; **se —** to begin
prés meadow, field
prés near
presist: prendre
presse crowd, thick, melee
prestre priest
preus, -ex valiant, brave, noble
priier to pray, beg
prime first hour, 6 AM. **haute prime, entre prime et tierce** 7:30-8 AM
princes prince
pris: prendre
prisier to esteem, prize
prison prison
prisse, prist: prendre
prouece prowess
prous, -ox: preus
puant stinking
pucele maid, young girl
pues: pooir
pui que since
puie balustrade, ramp, balcony
puins fist
puis, -st: pooir
puis then; **— que** after, since
pules people
puns apples
pur mere, sheer, pure
putain prostitute

Q

q': que
qant: quant
qeurent: PI6 **corre**
qu': que
quaissié broken, bruised, torn
quanque, -s whatever
quant when
quarante forty
quariax quarrel; stone
quatir, *refl.* to crouch
quatre four
que whom, which, that
que what
que that, for, then
que que whatever
quel which, what
quens count
querre to seek
ques: quel
quesisce: querre
quester to look for, seek
quex: quel
qui who, which, that
qui who
quidier: cuidier to believe
quier PI1 **querre**
quinse fifteen
quist PD3 **querre**
quit PI1 **cuidier** to believe
quiteé quietness; **en —** without contest, in all propriety
quoi what, which; **quoi que** while
quoi: coi calm, quiet

R

rades rapid
raençon ransom
rais beam, ray
raison: metre a — to question, address; **dire sa —** to voice one's thoughts
raler to go back
ramaine: ramener
ramé branching
ramener to lead back
rapeler to recall
recaoir to fall back
recercelé curly
reclamer to invoke
recomencier to begin again
reconoistre to recognize
recoulli PD3 **-oillir** to gather, take
recounut PD3 **reconoistre**
redire to say again, repeat
regarder to gaze at, glance at, look at
regné kingdom
regreter to regret, lament
rehordé repaired, wattled, mended with wattles, hurdles
reluisant gleaming, shining
remanoir to remain. PI1 **remain;** CI3 **remanroit;** PD3 **remest**
remener to lead, bring back
remest PD3 **remanoir**
remuans ardent, **restive**
rendre to hand over, give up
renge sword-belt
rent PI3 **rendre**
repaire dwelling
repairier to return, come back, repair to
repenser to think again, reconsider
repos repose
reposer to repose
repost PD3 **reponre,** *refl.* to hide
resbaudis restored (to joy), regladdened
resne rein
retraire to detach, turn away
revenir to come back, return
reverai FI1 **reveir** to see again
revient, revint: revenir
rians, -t laughing, gay
rice rich, powerful, fortunate, beautiful, fine
rien nothing, thing, being
rire to laugh
ris smiles
rivage shore
rive shore, bank, edge
riviere river, stream, water's edge
roi, -s king
roide steep
roïne queen
roion country
rois king
roisins grape
ronce briars, thorns
ronpre to break
rose rose
rouges red
rousee dew
rue street
rué thrown

S

s': se, si
sa his, her, its
sablon sand, beach
saçans (PrP **savoir**) clever
saces: Imptv 2 **savoir**
sacier to draw, pull
saciés: Imptv 5 **savoir**
sage wise, upright
sai: savoir
sain healthy, sound
sain bosom
sale hall, room
salir to spout, leap, spring
sanblant semblance, appearance
sanbler to appear, seem
sanc, -s blood
sans except, without
santir to feel
sarai: estre
sarés: savoir
sauf safe
saure to pay
saus safe
sauvace, -ge wild, savage
savoir to know
se him-, her-, itself, themselves
se her
se and
se if, so; **se non** except
seeler to seal
seqnier to cross, make the sign of the cross over
seir to sit, suit, be fitting
sejorner to rest, repose; PP fresh
sele saddle
selonc along
semonre to invite, urge, call
sen his, her, its

senç PI1 **sentir**
senestre left
sengler boar
sens sense, reason
sentier path
sentir to feel
seoit: seir
sera: estre
sergant, -ens man at arms
series serene
serjant: sergant
sermoner to lecture, preach to, sermonize
seroit: estre
serpentine serpents
ses his, her, its
set seven
seul alone, sole, single
seut: savoir
seux: seul
si his, her, its
si so, thus, indeed
si (*copula*) and (*often not translated*)
sieç: seir
siecle world
sire sire, sir, lord
sissent, sist: seir
siu: suir
siue his, her, its
so: sor
soi thirst
soi himself, *etc.*
soie silk
soie: estre
soing care
soir evening
soisté society, company
sol: saure
sollers shoes
son top, tip, summit
son sound, song, tune
son his, her, its
sor on, upon
sorcille eyebrow
sorrai FI1 **saure**
sorveir to perceive, look upon
sosferoie CI1 **sosfrir** to suffer, endure
sosterin: sousterin
sot PD3 **savoir**
souduians traitors
soufrir to suffer
soulever to lift, raise
soumax sleep
soupe sop, wine-sop
souples dejected, beaten
souprendre to surprise, seize
sous sou
souslever: soulever
souspirs sighs
sousterin underground
souvins on the back, supine (supinus)
sovenir to remember
suer sister
sui: estre
suir to follow
sus upon, above, up

T

t': te
ta your
taillié cut, built; shapely
taint tainted, stained
talent liking, desire, taste, inclination
tans time
tans, -t so much, as much, enough, so many, however
tatereles rags, tatters
te you
te your
tece quality
tel such, such a
ten your
tendre to hold out, stretch, reach
tenir to hold, keep, take
tent PI1 **tendre**
tere, terre land, country, earth
tes your
tes: tel
teste head
tex: tel
ti you
tien: tenir
tierce tierce, the third hour (9 AM)
tille bark of linden, lime-tree
tint: tenir
toi you
tolu PP **taure** to remove, take away
ton your
tor tower
torbler to trouble
tormente storm, tempest
torner to return, turn, turn away
tornoi, -s tourney
tors tower
tos: tous
tost soon, quickly
tote: tous

touailes towels
tous all; quite
trace trace, track, trail
trai: traire
traïn train
traire to pull, draw, drag; *refl.* go, betake one's self
traitice long, drawn
trau hole
travaillent PI6 to torment
trente thirty
tres very, right
tresce *a dance*
tresdouce, tresgrant: tres
trespassé passed beyond, outlived
trestos, trestout: tres
trois three
trop very, completely, too much, too many
trouver, trover to find
tu you

U

u: el: en le
u where; **la u, alec u** where, while
ueus eggs
uis door
uit eight
un, une; unes, uns, a an, one; some

V

va: aler
vace cow
vaillans, -t, of value, valiant, valuable
vaille: valoir
vaint PI3 to conquer
vair varied; grey; light, mixed
vair, -s squirrel fur, miniver (see *Winchester Bible*)
variet: *dim.* of **vair**
vallés, -et boy, young man, youth
valoir to be worth
vauroit: voloir
vaus valley
vaut PI3 **valoir, voloir**
vautie arched, vaulted
veir to see
venés: venir
vengier to avenge
venir to come
venjasse: vengier
ventre stomach, belly
venu: venir
veoit: veir
verdes green
verra: veir
vers verses, couplets, lines
vers towards
ves: veés: veir
ves ci here is, are
vespres vespers, evening
vesquirent: vivre
vest: vestir
vesteure: vesture
vestir to don, put on, dress
vesture vestment, raiment, clothing
veut: voloir
vi: veir
viaire face
vie life
viegne: venir
viel old, ancient, aged
viele viol, viola, violin
vieler to play the viol, fiddle
vielle: viel
vient: venir
viés: viel
vilain villain, peasant, tenant
vile town
vin wine
ving PD1 **venir**
vinrent, vint: venir
vint twenty
viole viol, viola, fiddle
virent: veir
vis face, visage
vis alive, living
visage visage, face
visconte viscount
viscontesse viscountess
visquens viscount
vit: veir
vivre to live
vix: viel
vix PI2 **voloir**
vo your
voi: veir
voie way, road
voient: veir
voil PI1 **voloir**
voile sail
voir truly, indeed
voir truth
voire yes, truly
vois: veir
vois: aler
vola: voler

volentés will
volentiers willingly
voler to fly, leap
voloir to wish, want
vont: aler
vos you
vos your
vostre your
voul PI1, **vourent** PD6: **voloir**
vous you
vremelletes *dim. of* **vremeil** red, vermilion

W

waucrer to run, drift
waumoné, waumonné rotten, soft, over-ripe